Impressum
Verlag: BABADADA GmbH, Nedderfeld 112 , 22529 Hamburg
Geschäftsführer / Verlagsleitung: Harald Hof
Druck: Books on Demand GmbH, In de Tarpen 42, 22848 Norderstedt

Imprint
Publisher: BABADADA GmbH, Nedderfeld 112 , 22529 Hamburg, Germany
Managing Director / Publishing direction: Harald Hof
Print: Books on Demand GmbH, In de Tarpen 42, 22848 Norderstedt

el colegio
shkolla

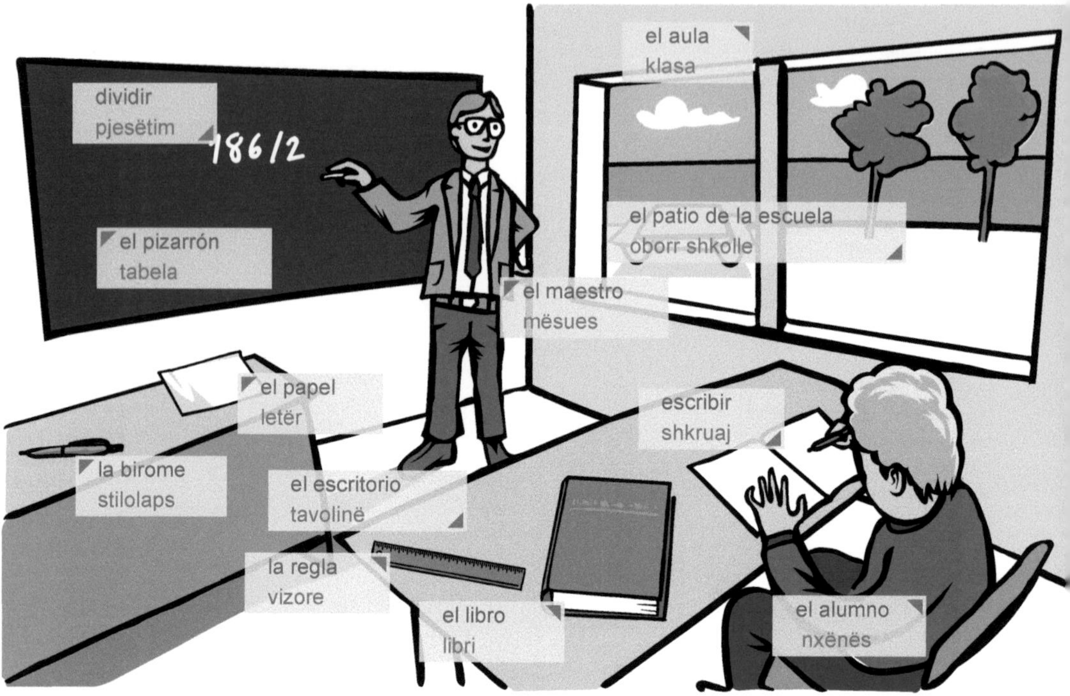
el aula
klasa
dividir
pjesëtim
186/2
el pizarrón
tabela
el patio de la escuela
oborr shkolle
el maestro
mësues
el papel
letër
escribir
shkruaj
la birome
stilolaps
el escritorio
tavolinë
la regla
vizore
el libro
libri
el alumno
nxënës

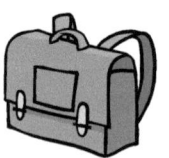

la mochila
çantë

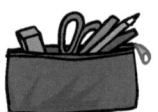

la caja de lápices
mbajtëse lapsash

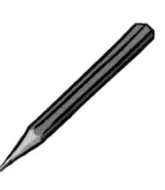

el lápiz
laps

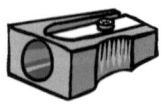

el sacapuntas
mprehës lapsash

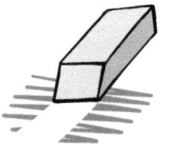

la goma (de borrar)
gomë

el bloc de dibujo
fletore vizatimi

el dibujo

vizatim

el pincel

penel

la caja de pinturas

kuti bojërash

la tijera

gërshërë

el pegamento

ngjitës

el cuaderno de ejercicios

fletore detyrash

la tarea

detyrë shtëpie

el número

numër

sumar

mbledh

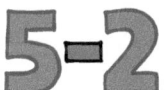

restar

zbres

multiplicar

shumëzoj

calcular

llogaris

la letra

gërmë

el abecedario

alfabeti

la palabra

fjalë

el texto

tekst

leer

lexoj

la tiza

shkumës

la lección

mësim

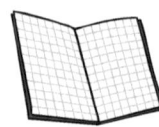

el cuaderno de clase

regjistër

el examen

provim

el certificado

çertifikatë

el uniforme escolar

uniformë shkolle

la educación

arsimim

la enciclopedia

enciklopedia

la universidad

universitet

el microscopio

mikroskop

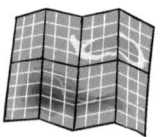

el mapa

hartë

el tacho (de basura)

kosh letrash

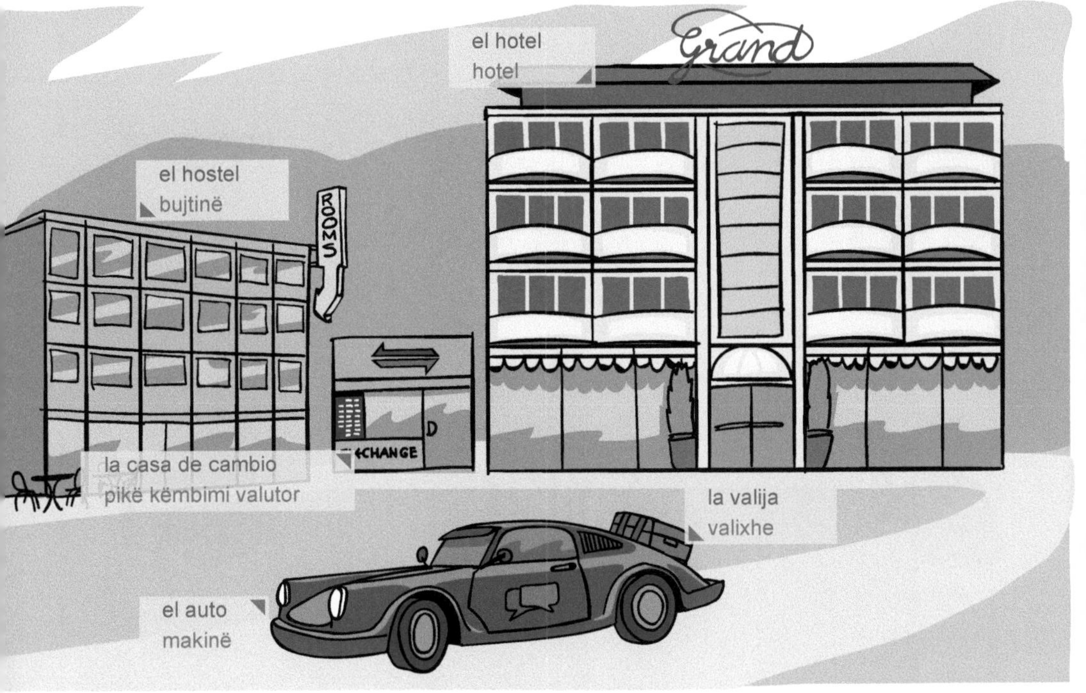

el hotel
hotel
Grand
el hostel
bujtinë
ROOMS
la casa de cambio
pikë këmbimi valutor
EXCHANGE
la valija
valixhe
el auto
makinë

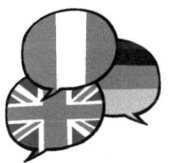

el idioma

gjuhë

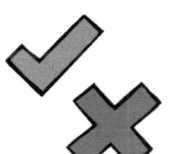

sí / no

po / jo

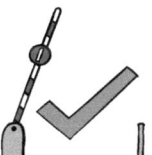

Está bien

Në rregull

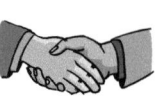

hola

ç'kemi

el traductor

përkthyes

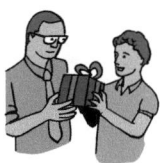

Gracias

Faleminderit

¿cuánto cuesta…?

sa kushton…?

No entiendo

nuk e kuptoj

el problema

problem

¡Buenas tardes!

Mirëmbrëma!

¡Buenos días!

Mirëmëngjes!

¡Buenas noches!

Natën e mirë!

el adiós

mirupafshim

la dirección

drejtim

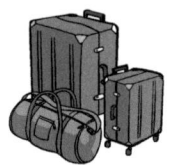

el equipaje

bagazhet

el bolso

çantë

la mochila

çantë shpine

el invitado

mysafir

la habitación

dhomë

la bolsa de dormir

thes gjumi

la carpa

tendë

la información turística

informacion për turistët

la playa

plazh

la tarjeta de crédito

kartë krediti

el desayuno

mëngjes

el almuerzo

drekë

la cena

darkë

el pasaje

Biletë

el ascensor

ashensor

el sello

pulla

la frontera

kufi

la aduana

doganë

la embajada

ambasadë

la visa

vizë

el pasaporte

pasaportë

el transporte
transport

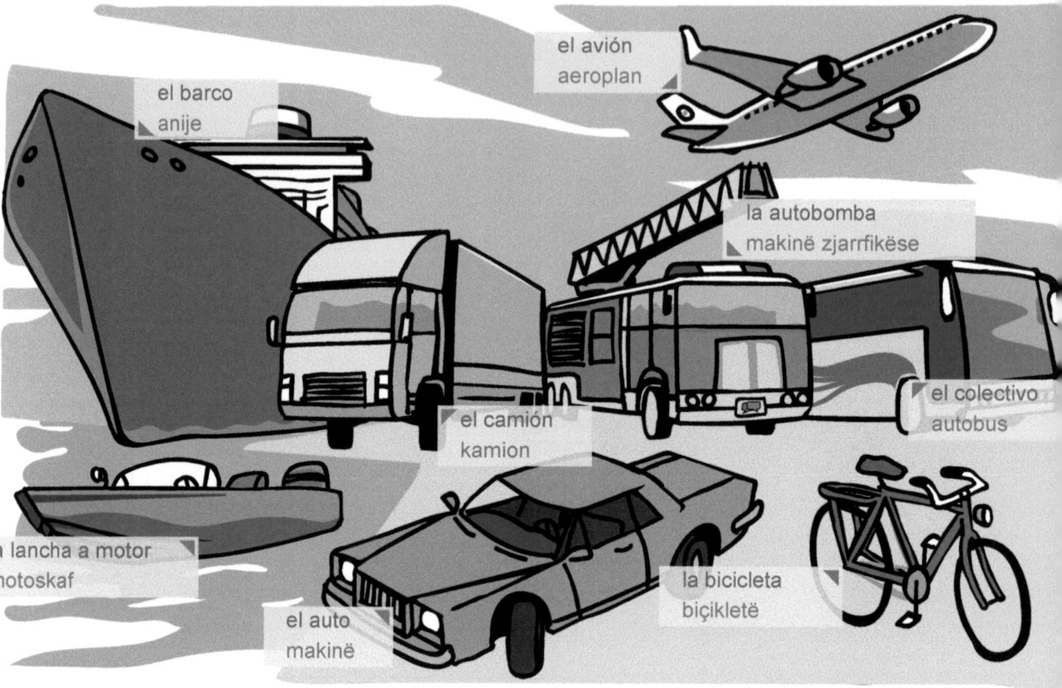

el avión
aeroplan
el barco
anije
la autobomba
makinë zjarrfikëse
el colectivo
autobus
el camión
kamion
la lancha a motor
motoskaf
la bicicleta
biçikletë
el auto
makinë

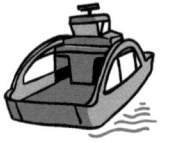

el ferry

traget

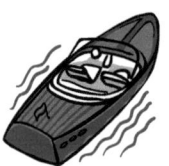

el bote

varkë

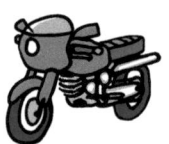

la moto

motoçikletë

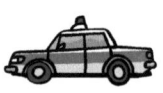

el patrullero

makinë policie

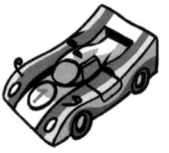

el auto de carreras

makinë garash

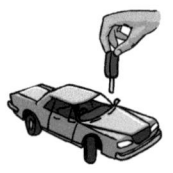

el auto de alquiler

makinë me qira

el alquiler de autos

ndarje e qirasë së makinës

la grúa

karroatrec

el camión de la basura

makinë plehrash

el motor

motor

la nafta

benzinë

la estación de servicio

pikë karburanti

la señal de tránsito

sinjalistikë trafiku

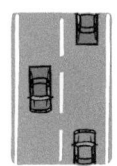

el tránsito

trafik

el embotellamiento

bllokim trafiku

el estacionamiento

parkim makinash

la estación de tren

stacion treni

las vías

trase

el tren

tren

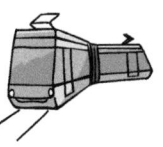

el tranvía

tramvaj

el vagón

karro

el helicóptero

helikopter

el aeropuerto

aeroport

la torre

kullë

el pasajero

pasagjer

el contenedor

kontenier

la caja de cartón

kuti kartoni

la carretilla

qerre

la canasta

shportë

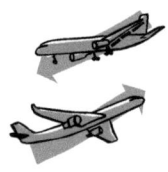

despegar / aterrizar

ngrihem / ulem

la ciudad

qytet

el pueblo

fshat

el centro de la ciudad

qendra e qytetit

la casa

shtëpi

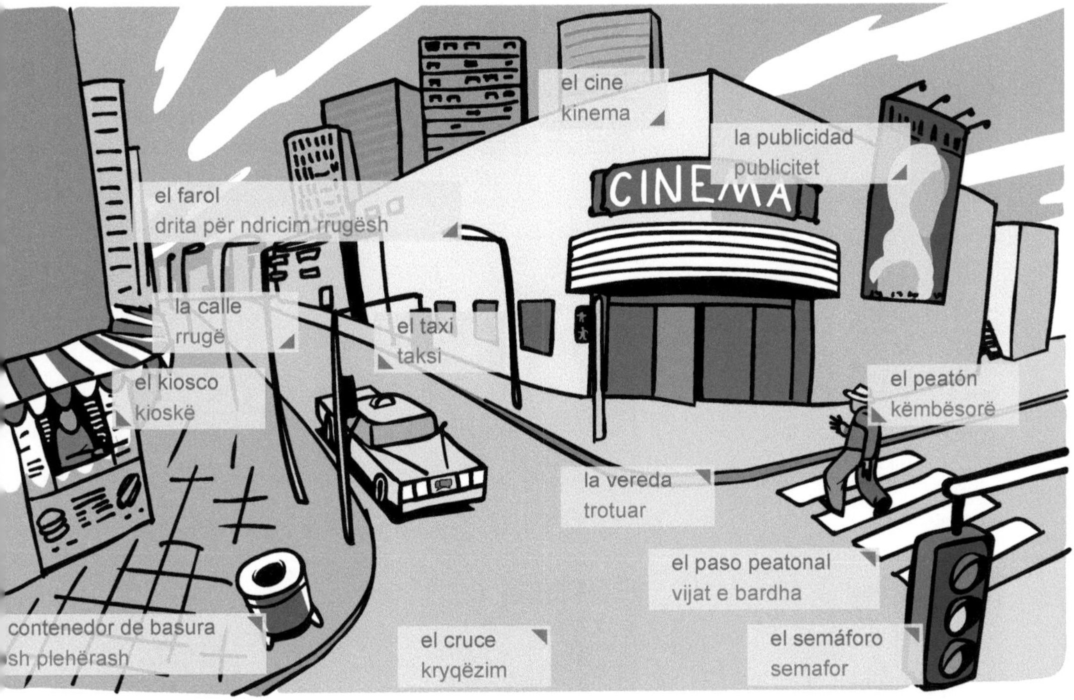

el cine
kinema

la publicidad
publicitet

el farol
drita për ndricim rrugësh

CINEMA

la calle
rrugë

el taxi
taksi

el kiosco
kioskë

el peatón
këmbësorë

la vereda
trotuar

el paso peatonal
vijat e bardha

contenedor de basura
sh plehërash

el cruce
kryqëzim

el semáforo
semafor

la cabaña
....
kasolle

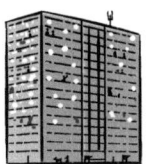

el departamento
....
apartament

la estación de tren
....
stacion treni

la municipalidad
....
bashki

el museo
....
muze

el colegio
....
shkolla

la ciudad - qytet

la universidad

universitet

el banco

bankë

el hospital

spital

el hotel

hotel

la farmacia

farmaci

la oficina

zyrë

la librería

librari

el negocio

dyqan

la florería

dyqan lulesh

el supermercado

supermarket

el mercado

market

las grandes tiendas

mapo

la pescadería

dyqan peshku

el centro comercial

qëndër tregtare

el puerto

port

el parque

park

el banco

stol

el puente

urë

las escaleras

shkallë

el subte

metro

el túnel

tunel

la parada del colectivo

stacion autobuzi

el bar

bar

el restaurante

restorant

el buzón

kuti postare

el letrero

sinjalistikë rrugore

el parquímetro

kohëmatës parkimi

el zoológico

kopsht zoologjik

la pileta

pishinë

la mezquita

xhami

la granja
 fermë

la contaminación
ndotje

el cementerio
varrezë

la iglesia
kishë

los juegos infantiles
shesh lojërash

el templo
tempull

el paisaje
peisazh

la hoja
gjethe

el poste indicador
tabela orientuese

el camino
rrugë

la pradera
livadh

la piedra
gurë

el árbol
pemë

el excursionista
ekskursionist

el río
lumë

la hierba
bar

la flor
lule

el valle

luginë

la montaña

kodër

el lago

liqen

el bosque

pyll

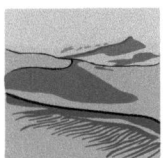

el desierto

shkretëtirë

el volcán

vullkan

el castillo

kështjellë

el arco iris

ylber

el champiñón

kepudhë

la palmera

palmë

el mosquito

mushkonjë

la mosca

mizë

la hormiga

milingonë

la abeja

bletë

la araña

merimangë

el escarabajo

brumbull

la rana

bretkosë

la ardilla

ketër

el erizo

iriq

la liebre

lepur

la lechuza

buf

el pájaro

zog

el cisne

mjellmë

el jabalí

derr i egër

el ciervo

dre

el alce

dre brilopatë

la presa

digë

el aerogenerador

turbinë ere

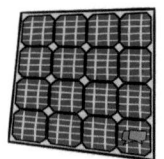

el panel solar

panel diellor

el clima

klimë

el restaurante
restorant

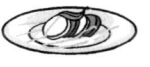

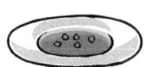

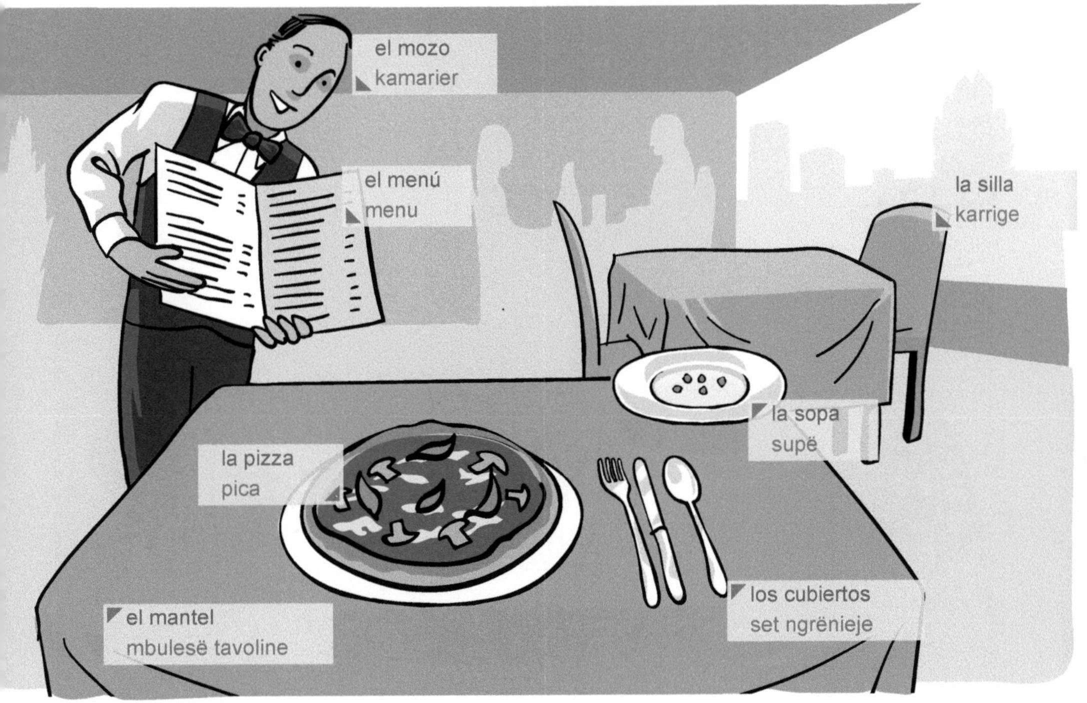
el mozo
kamarier
el menú
menu
la silla
karrige
la sopa
supë
la pizza
pica
los cubiertos
set ngrënieje
el mantel
mbulesë tavoline

la entrada

pjatë e parë

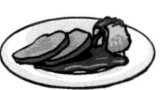

el plato principal

pjatë kryesore

el postre

ëmbëlsirë

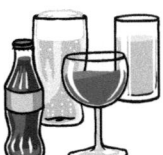

las bebidas

pije

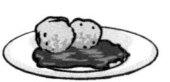

la comida

ushqim

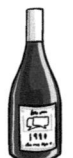

la botella

shishe

la comida rápida

ushqim i shpejtë

la comida callejera

ushqim i shërbyer në rrugë

la tetera

ibrik çaji

la azucarera

kuti sheqeri

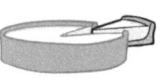

la porción

racion

la cafetera expreso

makinë kafeje ekspres

la sillita alta

karrige e lartë

la cuenta

faturë

la bandeja

tabaka

el cuchillo

thika

el tenedor

pirun

la cuchara

lugë

la cucharita

lugë çaji

la servilleta

pecetë

el vaso

gotë

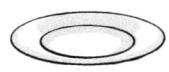

el plato

pjatë

el plato hondo

pjatë supe

el plato

pjatë filxhani

la salsa

salcë

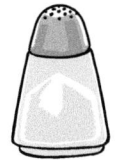

el salero

mbajtëse kripe

el molinillo de pimienta

mulli piperi

el vinagre

uthull

el aceite

vaj

las especias

erëza

el kétchup

keçap

la mostaza

mustardë

la mayonesa

majonezë

el supermercado
supermarket

la oferta especial
ofertë speciale
FOR
el cliente
klient
los lácteos
produkte bulmeti
la fruta
frut
el changuito
karrocë pazari

BUTCHERS

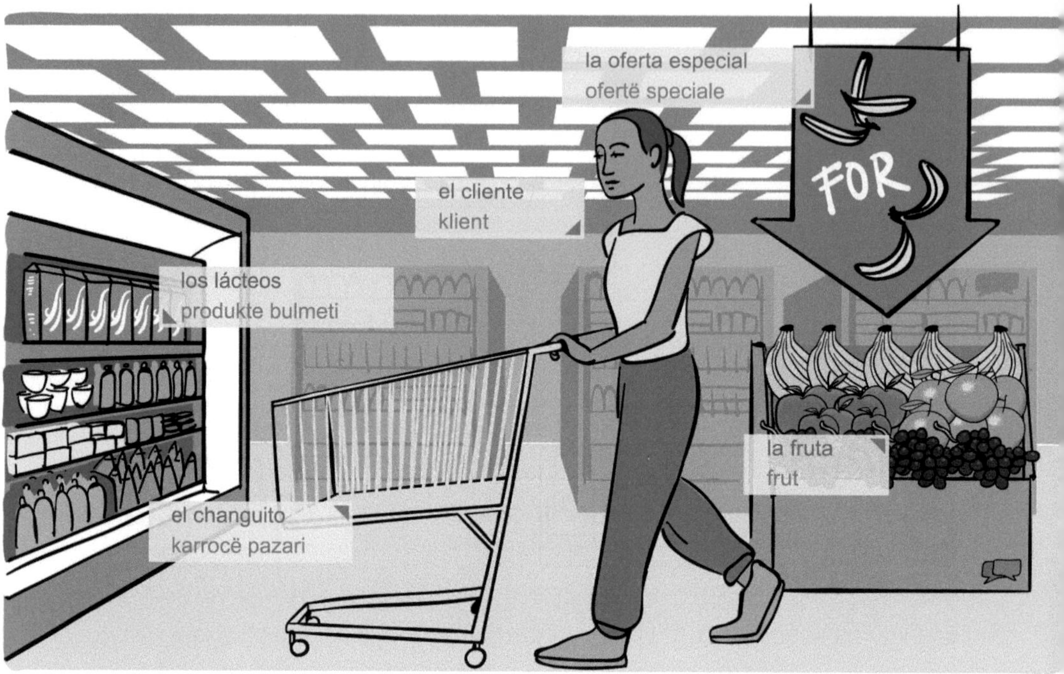

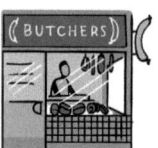

la carnicería

dyqan mishi

BAKERY

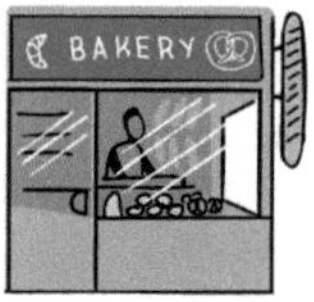

la panadería

furrë buke

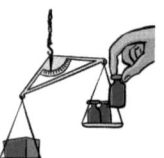

pesar

peshoj

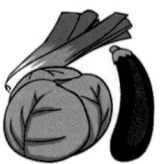

las verduras

perime

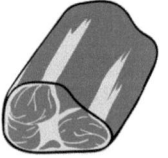

la carne

mish

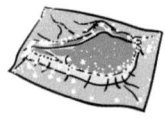

los alimentos congelados

ushqim i ngrirë

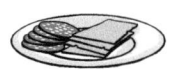

los fiambres
copë

los alimentos enlatados
ushqim i konservuar

el detergente en polvo
pluhur larës

las golosinas
ëmbëlsirat

los electrodomésticos
prodhime shtëpie

los productos de limpieza
produkte pastrimi

la vendedora
shitëse

la caja
kasë fiskale

el cajero
arkëtar

la lista de compras
listë blerjeje

el horario de atención
oraret e punës

la billetera
portofol

la tarjeta de crédito
kartë krediti

la cartera
çantë

la bolsa de plástico
qese plastike

el agua

ujë

el jugo

lëng frutash

la leche

qumësht

la bebida cola

koka-kola

el vino

verë

la cerveza

birrë

el alcohol

alkool

el cacao

kakao

el té

çaj

el café

kafe

el café expreso

kafe ekspres

el cappuccino

kapuçino

la banana

banane

la manzana

mollë

la naranja

portokalle

el melón

pjepër

el limón

limon

la zanahoria

karrotë

el ajo

hudhër

el bambú

bambu

la cebolla

qepë

el champiñón

kërpudha

las nueces

arra

los fideos

makarona

los tallarines

spageti

el arroz

oriz

la ensalada

sallatë

las papas fritas

patate të skuqura

las papas fritas

patate të skuqura

la pizza

pica

la hamburguesa

hamburger

el sándwich

sanduiç

el churrasco

shnicel

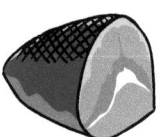

el jamón

proshutë

el salame

sallam

la salchicha

salçiçe

el pollo

pulë

el asado

skuq

el pescado

peshk

los copos de avena

tërshërë

el muesli

drithëra

los copos de maíz

kornfleiks

la harina

miell

la medialuna

kruasant

el pancito

panine

el pan

bukë

la tostada

tost

las galletitas

biskotë

la manteca

gjalp

la cuajada

gjizë

la torta

tortë

el huevo

vezë

el huevo frito

vezë sy

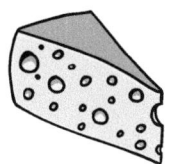

el queso

djathë

la comida - ushqim

el helado

akullore

el azúcar

sheqer

la miel

mjaltë

la mermelada

marmaladë

la pasta de chocolate

çokokrem

el curry

këri

la granja

fermë

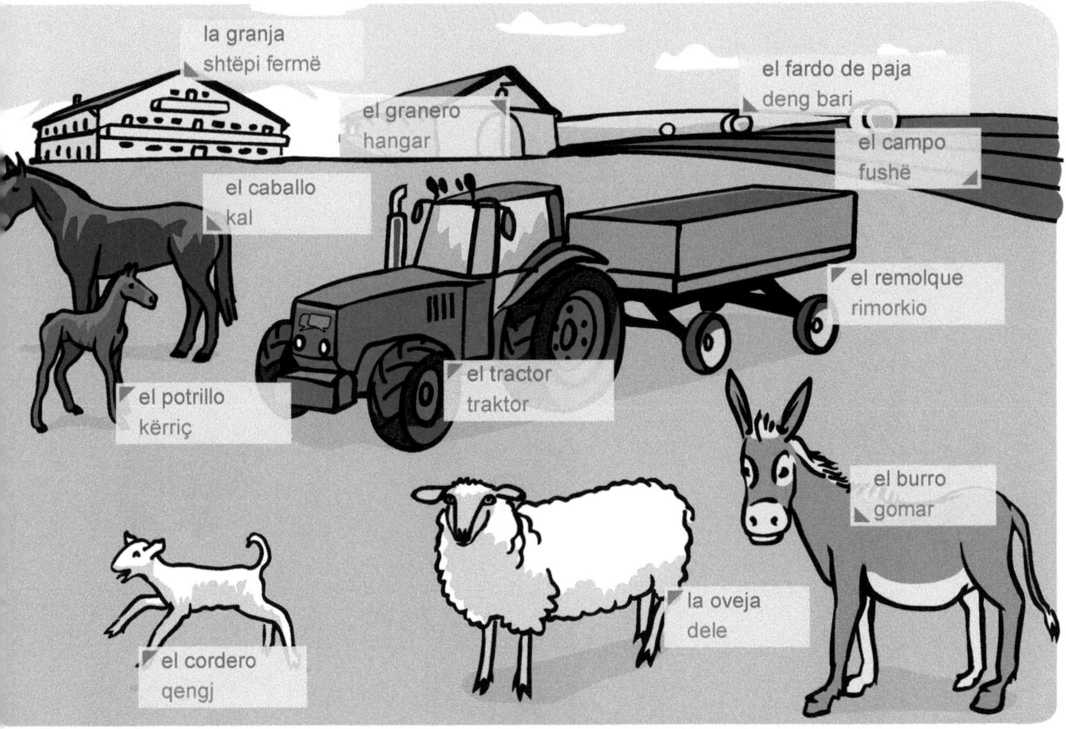
la granja
shtëpi fermë
el granero
hangar
el fardo de paja
deng bari
el campo
fushë
el caballo
kal
el remolque
rimorkio
el tractor
traktor
el potrillo
kërriç
el burro
gomar
la oveja
dele
el cordero
qengj

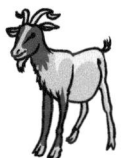

la cabra
dhi

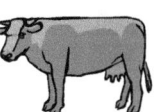

la vaca
lopë

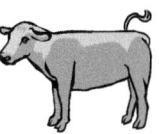

el ternero
viç

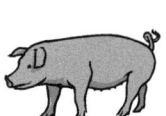

el cerdo
derr

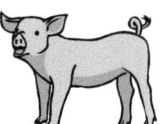

el lechón
derrkuc

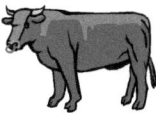

el toro
dem

el ganso
patë

el pato
rosë

el pollo
zog pule

la gallina
pulë

el gallo
gjel

la rata
mi

el gato
mace

el ratón
mi

el buey
buall

el perro
qen

la cucha
kolibe qeni

la manguera
zorrë vaditëse

la regadera
vaditëse

la guadaña
kosë

el arado
plug

la hoz

dráper

la azada

shat

la horquilla

kosa

el hacha

sëpatë

la carretilla

karrocë

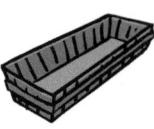

el abrevadero

govatë

la lechera

bidon qumështi

la bolsa

thes

la reja

gardh

el establo

ahur

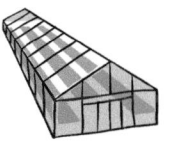

el invernadero

serë

el suelo

dhe

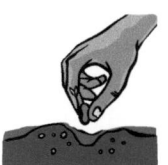

la semilla

farë

el fertilizador

pleh

la cosechadora

autokombanjë

la granja - fermë

cosechar

korr

la cosecha

te korrat

las batatas

patate e ëmbël "Yam"

el trigo

grurë

la soja

soja

la papa

patate

el maíz

misër

la semilla de colza

raps

el árbol frutal

pemë frutore

la mandioca

zhardhok manioku

los cereales

drithëra

la casa
shtëpi

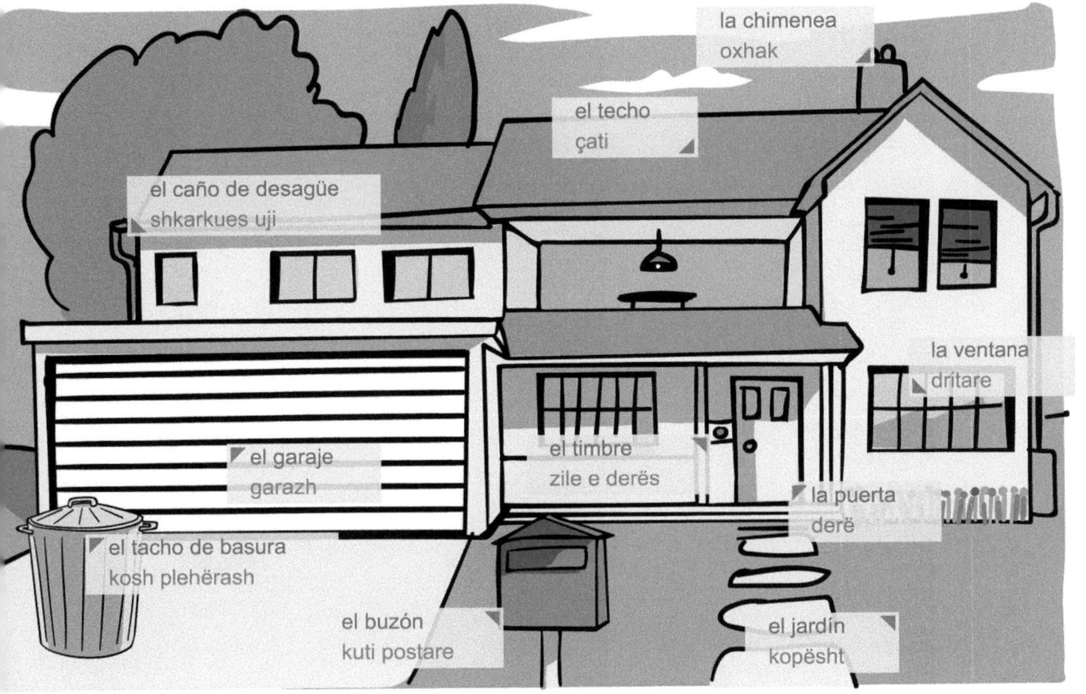
la chimenea
oxhak
el techo
çati
el caño de desagüe
shkarkues uji
la ventana
dritare
el garaje
garazh
el timbre
zile e derës
la puerta
derë
el tacho de basura
kosh plehërash
el buzón
kuti postare
el jardín
kopësht

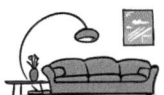

el living
....
dhomë ndenjeje

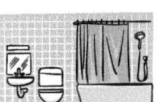

el baño
....
tualet

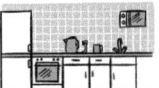

la cocina
....
kuzhinë

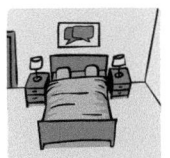

el dormitorio
....
dhomë gjumi

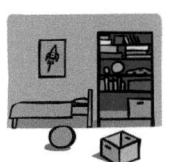

el cuarto de los chicos
....
dhomë fëmijësh

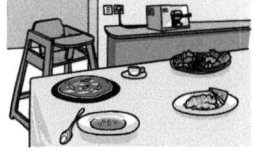

el comedor
....
dhomë ngrënieje

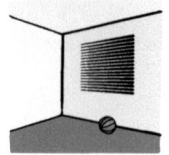

el piso

dysheme

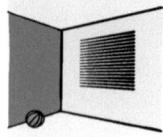

la pared

mur

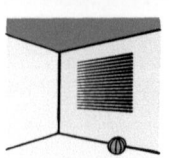

el cielorraso

tavan

el sótano

bodrum

el sauna

sauna

el balcón

ballkon

la terraza

tarracë

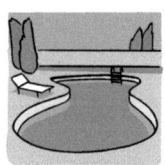

la pileta

pishinë

la cortadora de pasto

kositëse bari

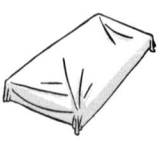

la sábana

çarçaf

el acolchado

kuvertë

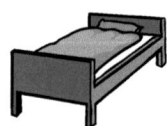

la cama

krevat

la escoba

fshesë dore

el balde

kovë

el interruptor

çelës

el living
dhomë ndenjeje

el empapelado
tapiceri
la imagen
fotografi
la lámpara
llambë
el estante
raft
el armario
dollap
la televisión
pajisje televizive
la chimenea
vatër
la flor
lule
el almohadón
jastëk
el sofá
divan
el florero
vazo
el control remoto
telekomandë

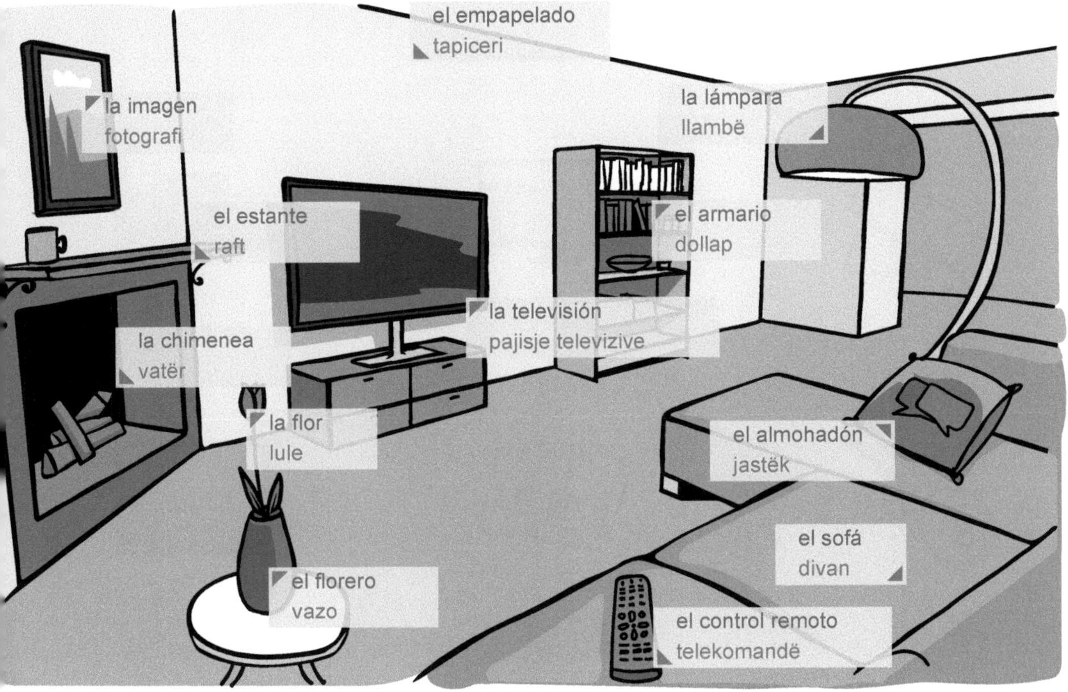

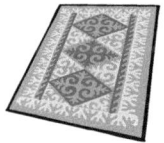

la alfombra

qilim

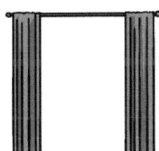

la cortina

perde

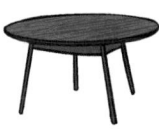

la mesa

tavolinë

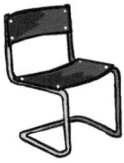

la silla

karrige

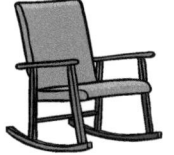

la mecedora

karrige lëkundëse

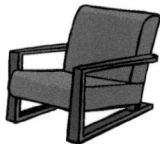

el sillón

kolltuk

el libro

libri

la frazada

batanije

la decoración

zbukurime

la leña

dru zjarri

la película

film

el equipo de música

stereo

la llave

çelës

el diario

gazetë

la pintura

pikturë

el póster

afishe

la radio

radio

el cuaderno

bllok shënimesh

la aspiradora

fshesë me korent

el cactus

kaktus

la vela

qiri

la cocina
kuzhinë

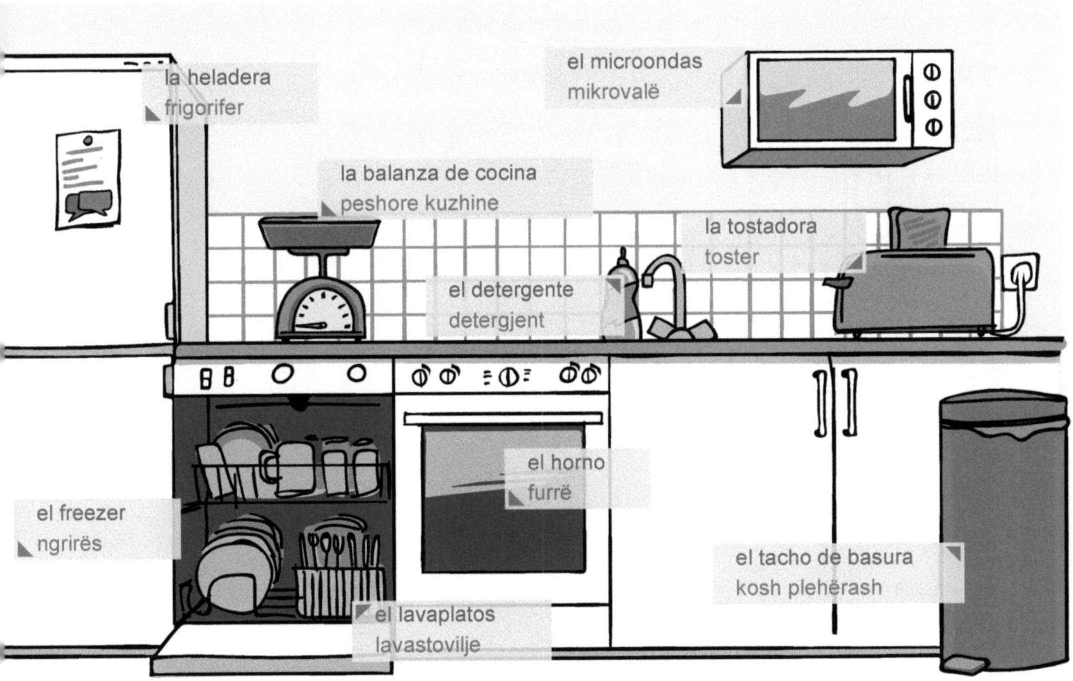
la heladera
frigorifer
el microondas
mikrovalë
la balanza de cocina
peshore kuzhine
la tostadora
toster
el detergente
detergjent
el horno
furrë
el freezer
ngrirës
el tacho de basura
kosh plehërash
el lavaplatos
lavastovilje

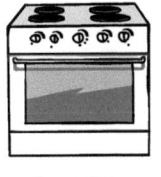

la coclna

sobë

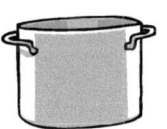

la olla

tenxhere

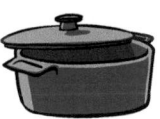

la olla de hierro fundido

tenxhere me kapak

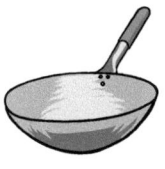

el wok

tigan special (Wok)

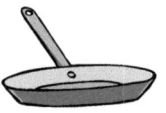

la sartén

tigan

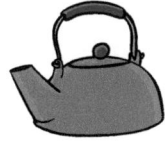

la pava

çajnik

la vaporera

tenxhere me avull

la bandeja de horno

tavë pjekjeje

la vajilla

enë

la taza

filxhan

el bol

tas

los palitos

shkopinj

el cucharón

garuzhde

la espátula

spatul

la batidora

tel kuzhine

el colador

kulluese

el colador

sitë

el rallador

rende

el mortero

havan

la parrilla

skarë

la fogata

zjarr

la tabla de picar

dërrasë për prerje

el palo de amasar

okllai

el sacacorchos

heqëse tapash

la lata

kanaçe

el abrelatas

hapëse kanaçeje

la manopla

rrobë për të kapur tenxheren

la pileta

lavaman

el cepillo

furçë

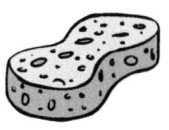

la esponja

sfungjer

la batidora

përzjerës

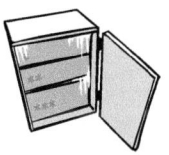

el congelador

ngrirës

la mamadera

biberon për lëngje

la canilla

rubinet

el baño
tualet

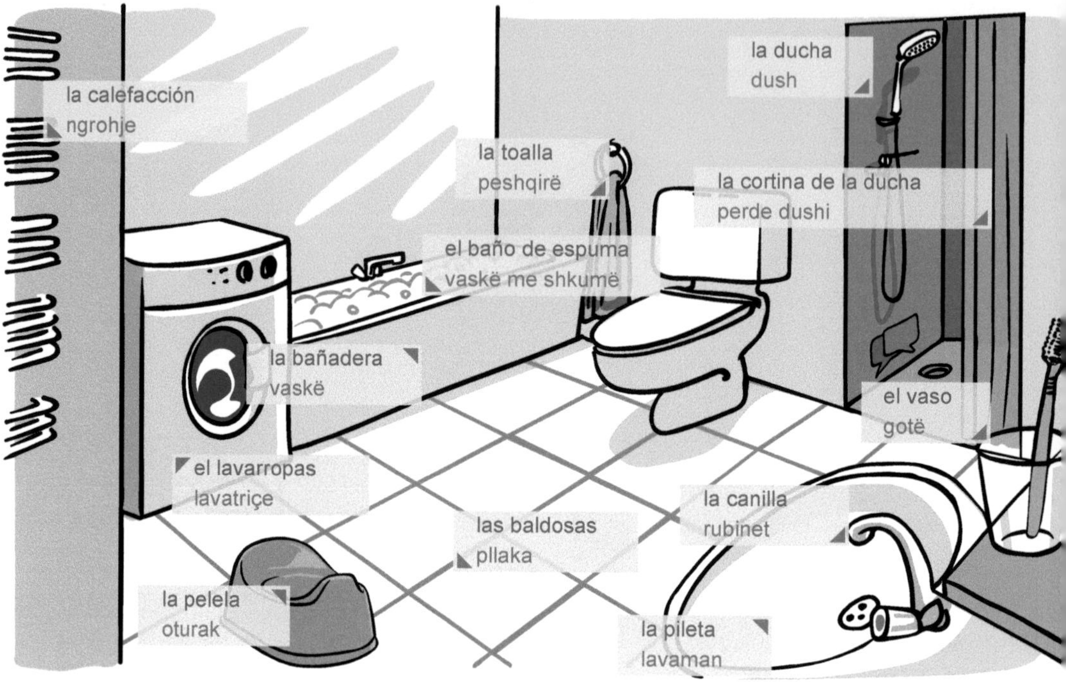

la ducha
dush
la calefacción
ngrohje
la toalla
peshqirë
la cortina de la ducha
perde dushi
el baño de espuma
vaskë me shkumë
la bañadera
vaskë
el vaso
gotë
el lavarropas
lavatriçe
la canilla
rubinet
las baldosas
pllaka
la pelela
oturak
la pileta
lavaman

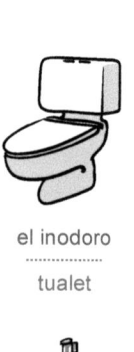

el inodoro
tualet

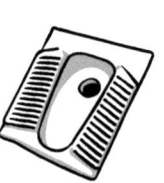

la letrina
WC e sheshtë

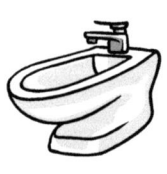

el bidé
bide

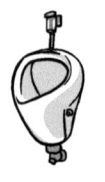

el mingitorio
tualet publik

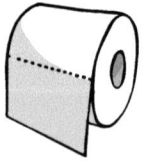

el papel higiénico
letër higjienike

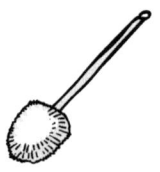

el cepillo para el inodoro
furçe për WC

el cepillo de dientes

furçë dhëmbësh

el dentífrico

pastë dhëmbësh

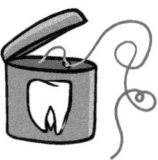

el hilo dental

fije dentare

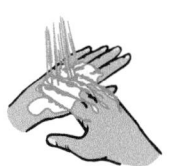

lavar

laj

la ducha de mano

dorezë dushi

la ducha higiénica

larës për zonën intime

la palangana

legen

el cepillo para la espalda

furçë për masazh shpine

el jabón

sapun

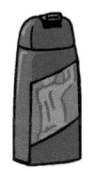

el gel de ducha

shampo trupi

el shampoo

shampo

la toallita

leckë pastruese

el desagüe

kullues

la crema

krem

el desodorante

antidjersë

el baño - tualet

el espejo

pasqyrë

el espejito

pasqyrë dore

la maquinita de afeitar

brisk rroje

la espuma de afeitar

shkumë rroje

el aftershave

locion pas rrojes

el peine

krehër

el cepillo

furçë

el secador de pelo

tharëse flokësh

el spray

llak për flokët

el maquillaje

grim

el lápiz de labios

buzëkuq

el esmalte para uñas

manikyr

el algodón

mbushje pambuku

la tijera para uñas

gërshërë për thonj

el perfume

parfum

el portacosméticos

çantë për sendet personale

la banqueta

Stol

la balanza

peshore

la bata

robëdëshambër

los guantes de goma

dorashka gome

el tampón

tampon

la toallita femenina

peceta higjienike

el baño químico

tualet I lëvizshëm

el baño - tualet

el cuarto de los chicos
dhomë fëmijësh

el despertador
orë me zile
el peluche
lodra me pellushë
el coche de juguete
makinë lodër
el sonajero
rraketake
la casa de muñecas
shtëpi kukullash
el regalo
dhuratë

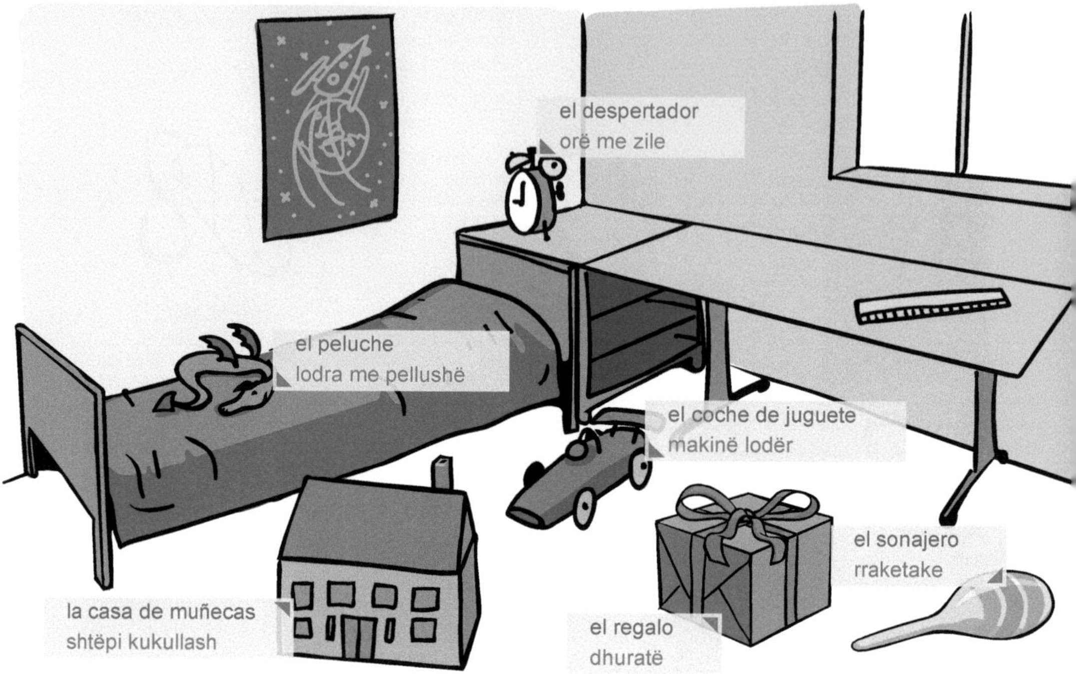

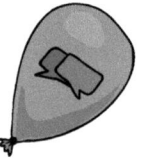

el globo

tollumbace

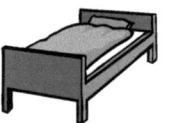

la cama

krevat

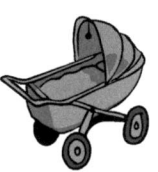

el cochecito

karrocë fëmijësh

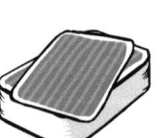

las cartas

lojë me letra

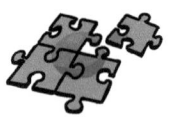

el rompecabezas

bashkim pjesësh me figura

SUPER
MEGA

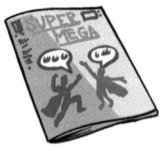

la historieta

komik

las piezas de lego

formuese lodër

los ladrillos de juguete

kuba plastikë

la figura de acción

lodra

el enterito (de bebé)

badi

el frisbee

frizbi

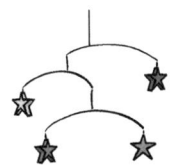

el móvil para bebés

lodra të varura tek krevati i fëmijëve

el juego de mesa

tavolinë lojërash

los dados

zare

el tren eléctrico

model treni

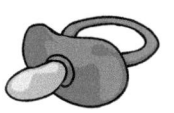

el chupete

biberon

la fiesta

festë

el libro de cuentos ilustrado

libër me ilustrime

la pelota

top

la muñeca

kukull

jugar

luaj

el arenero

grumbull rëre

la hamaca

kolovarëse

los juguetes

lodra

la consola de videojuegos

leva për lojra video

el triciclo

triçikël

el osito de peluche

arush prej pellushi

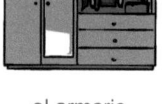

el armario

garderobë

la ropa

veshje

las medias

çorape

las medias panty

çorape të gjata

las calzas

geta

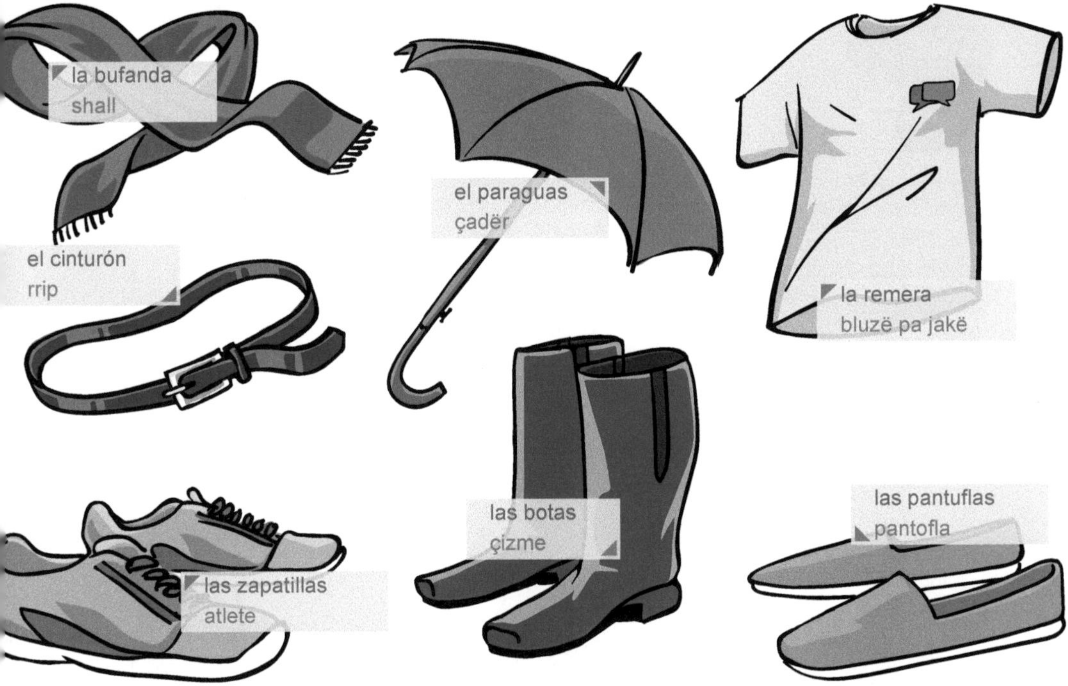

la bufanda
shall

el paraguas
çadër

la remera
bluzë pa jakë

el cinturón
rrip

las botas
çizme

las pantuflas
pantofla

las zapatillas
atlete

las sandalias
....
sandale

los zapatos
....
këpucë

las botas de goma
....
çizme llastiku

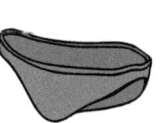

la ropa interior
....
të mbathura

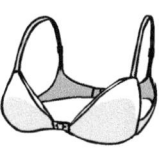

el corpiño
....
reçipeta

el chaleco
....
kanotierë

el body

trup

los pantalones

pantallona

los jeans

xhinse

la pollera

fund

la blusa

bluzë

la camisa

këmishë

el pulóver

pulovër

el buzo

triko

el blazer

xhaketë

la campera

xhaketë

el tapado

pallto

el piloto

mushama shiu

el traje

kostum

el vestido

fustan

el vestido de novia

fustan nusërie

el traje

kostum

el camisón

këmishë nate

el pijama

pizhama

el sari

sari (veshje tradicionale indiane)

el pañuelo para la cabeza

shami koke

el turbante

çallmë

la burka

veshje për femrat e besimit musliman

el caftán

kaftan (lloj veshjeje tradicionale)

la abaya

ferexhe

el traje de baño

kostum banje

el short de baño

rroba banje

los shorts

pantallona të shkurtra

el jogging

tuta sporti

el delantal

përparëse

los guantes

dorashka

el botón

kopsë

los anteojos

syze

la pulsera

byzylyk

el collar

gjerdan

el anillo

unazë

el aro

vath

la gorra

kapuç

la percha

varëse për pallto

el sombrero

kapele

la corbata

kravatë

el cierre

zinxhir

el casco

helmetë

los tiradores

tiranda

el uniforme escolar

uniformë shkolle

el uniforme

uniformë

el babero

gushore

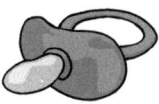

el chupete

biberon

el pañal

pelenë

la oficina
zyrë

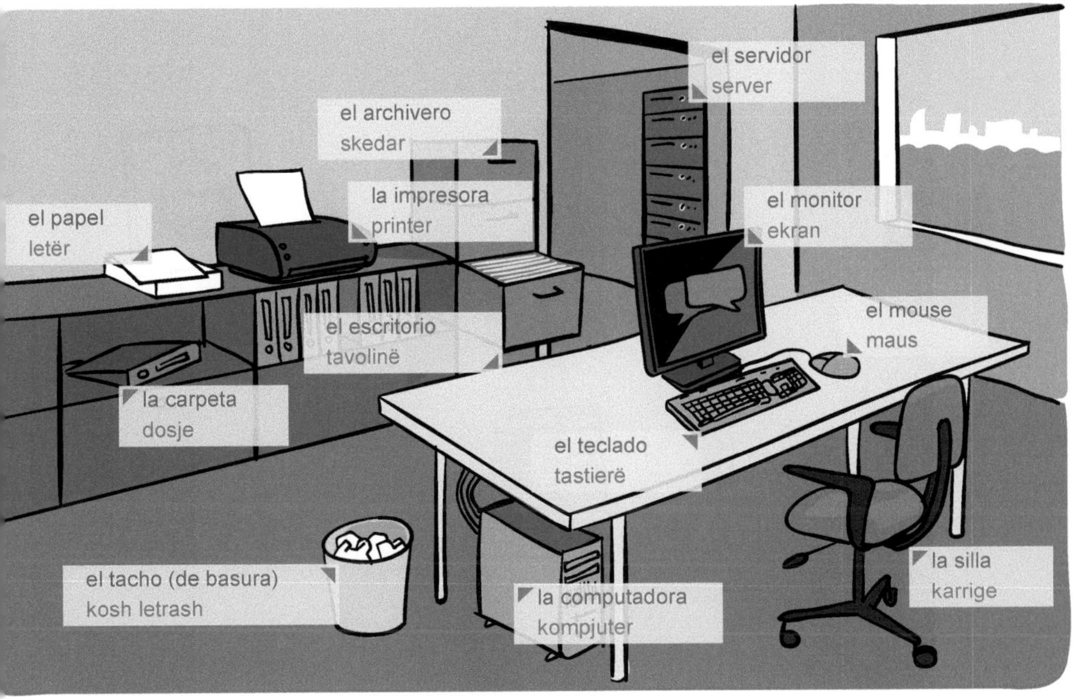

el servidor
server

el archivero
skedar

la impresora
printer

el papel
letër

el monitor
ekran

el escritorio
tavolinë

el mouse
maus

la carpeta
dosje

el teclado
tastierë

el tacho (de basura)
kosh letrash

la silla
karrige

la computadora
kompjuter

la taza de café

filxhan kafeje

la calculadora

makinë llogaritëse

el internet

internet

la laptop

kompjuter portativ

la carta

letër

el mensaje

mesazh

el celular

telefon

la red

rrjet

la fotocopiadora

fotokopje

el software

program

el teléfono

telefon

el tomacorriente

prizë

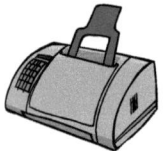

el fax

pajisje faksi

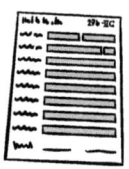

el formulario

formular

el documento

dokument

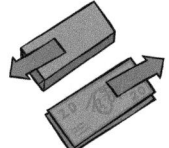

comprar

blej

pagar

paguaj

hacer negocios

tregtoj

el dinero

para

el dólar

dollar

el euro

euro

el yen

jen

el rublo

rubla

el franco suizo

franga zvicerane

el yuan

juani kinez

la rupia

rupje

el cajero automático

bankomat

la casa de cambio

pikë këmbimi valutor

el oro

ar

la plata

argjend

el petróleo

nafta

la energía

energji

el precio

çmim

el contrato

kontratë

el impuesto

taksë

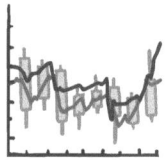

la acción

aksione

trabajar

punoj

el empleado

punonjës

el empleador

punëdhënës

la fábrica

fabrikë

el negocio

dyqan

el policía
oficer policie

el bombero
zjarrfikës

el cocinero
kuzhinier

el médico
mjek

el piloto
pilot

el jardinero

kopshtar

el carpintero

marangoz

la modista

rrobaqepëse

el juez

gjykatës

el farmacéutico

kimist

el actor

aktor

el colectivero

shofer autobuzi

el taxista

taksist

el pescador

peshkatar

la mucama

pastruese

el techista

riparues çatish

el mozo

kamarier

el cazador

gjuetar

el pintor

piktor

el panadero

furrxhi

el electricista

elektriçist

el albañil

ndërtues

el ingeniero

inxhinier

el carnicero

kasap

el plomero

hidraulik

el cartero

postieri

las ocupaciones - profesionet

el soldado

ushtar

el arquitecto

arkitekt

el cajero

arkëtar

el florista

luleshitës

el peluquero

berber

el cobrador

kontrollor

el mecánico

mekanik

el capitán

kapiten

el dentista

dentist

el científico

shkencëtar

el rabino

rabin

el imán

imam

el monje

murg

el sacerdote

klerik

las herramientas

mjete

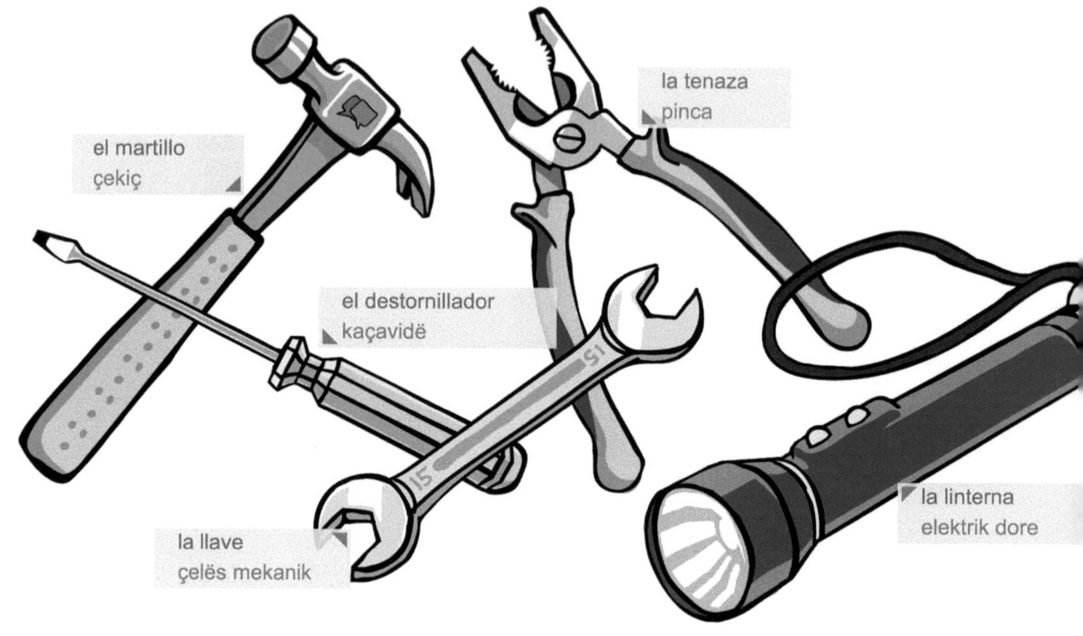
el martillo
çekiç
la tenaza
pinca
el destornillador
kaçavidë
la llave
çelës mekanik
la linterna
elektrik dore

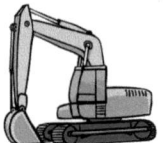

la excavadora

ekskavator

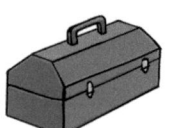

la caja de herramientas

kuti veglash

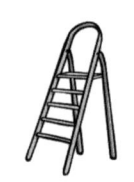

la escalera portátil

shkallë

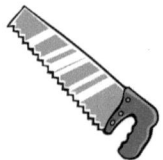

la sierra

sharrë

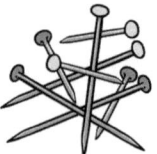

los clavos

gozhdë

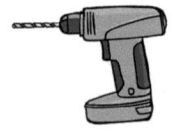

el taladro

trapan

arreglar

riparoj

la pala de jardín

lopatë

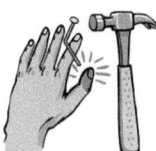

¡Qué bronca!

Dreq!

la pala de plástico

kaci

el tacho de pintura

kuti boje

los tornillos

vidhë

los instrumentos musicales
instrumenta muzikorë

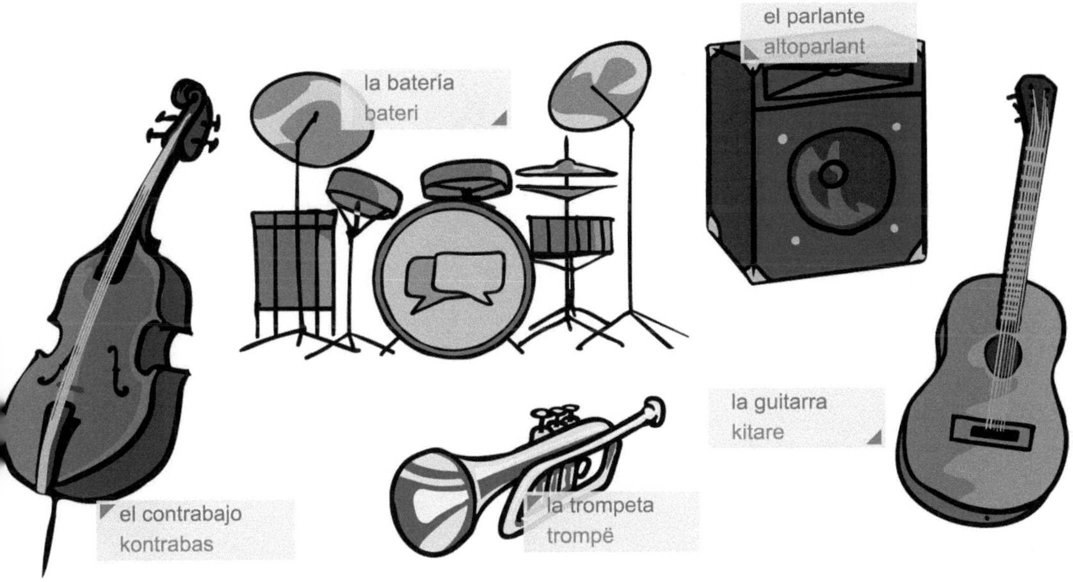

el parlante
altoparlant

la batería
bateri

la guitarra
kitare

el contrabajo
kontrabas

la trompeta
trompë

el piano

piano

el violín

violinë

el bajo

bas

los timbales

tamburë

el tambor

daulle

el teclado

tastierë pianoje

el saxofón

saksofon

la flauta

flaut

el micrófono

mikrofon

los instrumentos musicales - instrumenta muzikorë

el zoológico
kopsht zoologjik

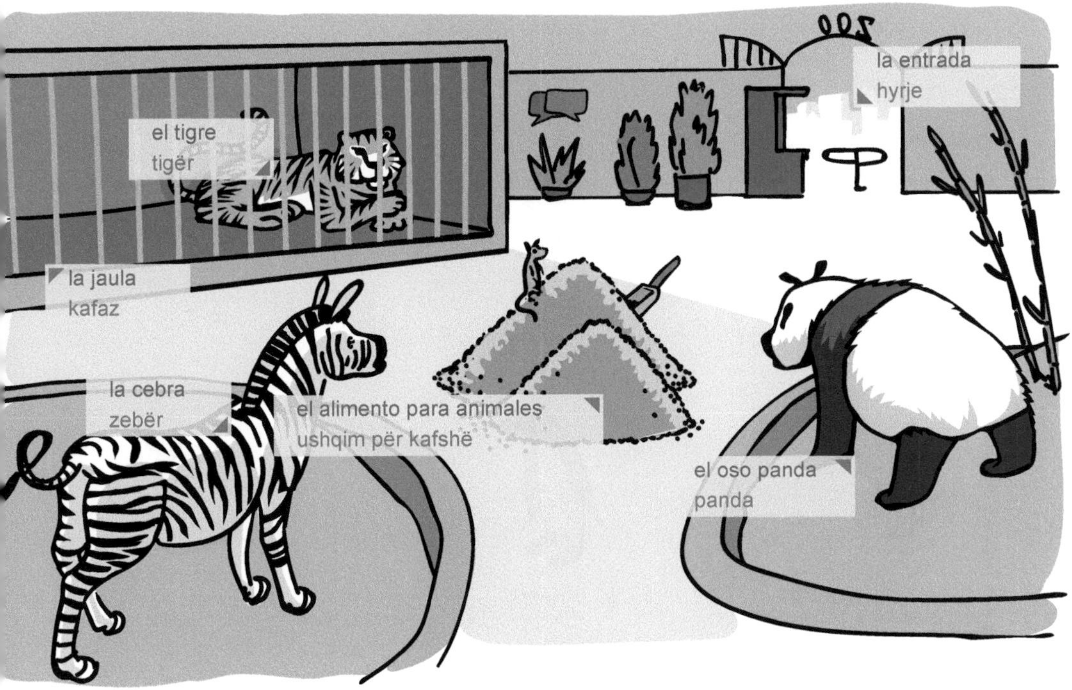

la entrada
hyrje
el tigre
tigër
la jaula
kafaz
la cebra
zebër
el alimento para animales
ushqim për kafshë
el oso panda
panda

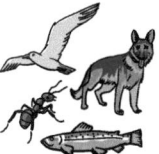

los animales
kafshë

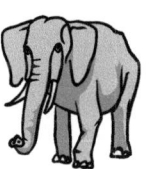

el elefante
elefant

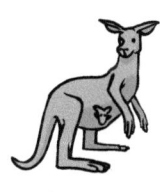

el canguro
kangur

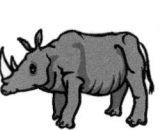

el rinoceronte
rinoceront

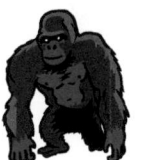

el gorila
gorillë

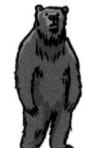

el oso
ari

el camello
deve

el avestruz
struc

el león
luan

el mono
majmun

el flamenco
flamingo

el loro
papagall

el oso polar
ari polar

el pingüino
pinguin

el tiburón
peshkaqen

el pavo real
pallua

la serpiente
gjarpër

el cocodrilo
krokodil

el cuidador del zoológico
punonjës i kopshtit zoologjik

la foca
fokë

el jaguar
xhaguar

el poni

poni

el leopardo

leopard

el hipopótamo

hipopotam

la jirafa

gjirafë

el águila

shqiponjë

el jabalí

derr i egër

el pescado

peshk

la tortuga

breshkë

la morsa

lopë deti

el zorro

dhelpër

la gacela

gazelë

el fútbol americano
futboll amerikan

el ciclismo
çiklizëm

el tenis
tenis

el básquet
basketboll

la natación
not

el boxeo
boks

el hockey sobre hielo
hokej mbi akull

el fútbol
futboll

el bádminton
badminton

el atletismo
atletikë

el handball
hendboll

el esquí
ski

el polo
polo

las actividades
aktivitet

reír
qesh
saltar
hidhem
abrazar
përqafoj
caminar
eci
cantar
këndoj
soñar
ëndërroj
rezar
lutem
besar
puth

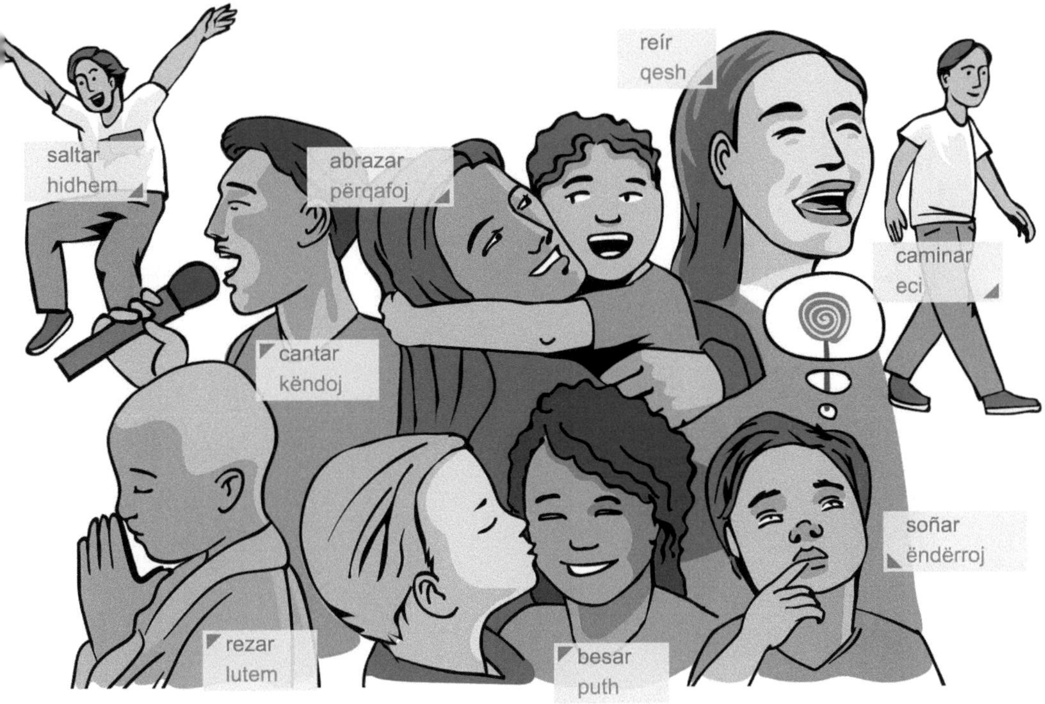

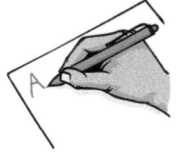

escribir

shkruaj

dibujar

vizatoj

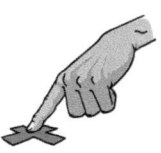

mostrar

tregoj

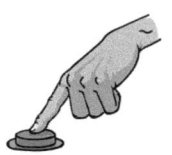

presionar

shtyj

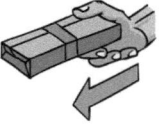

dar

jap

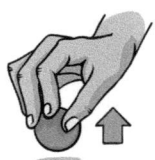

tomar

marr

tener
kam

hacer
bëj

ser
jam

estar parado
qëndroj

correr
vrapoj

tirar
tërheq

tirar
hedh

caer
bie

estar acostado
shtrihem

esperar
pres

llevar
mbaj

estar sentado
ulem

vestirse
vishem

dormir
fle

despertar
zgjohem

mirar

shikoj

llorar

qaj

acariciar

përkëdhel

peinar

kreh

hablar

bisedoj

entender

kuptoj

preguntar

kërkoj

escuchar

dëgjoj

beber

pi

comer

ha

ordenar

sistemoj

amar

dashuroj

cocinar

gatuaj

manejar

drejtoj makinën

volar

fluturoj

navegar

lundroj

calcular

llogaris

leer

lexoj

aprender

mësoj

trabajar

punoj

casarse

martohem

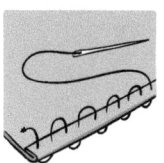

coser

qep

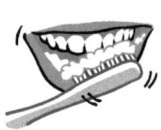

cepillarse los dientes

laj dhëmbët

matar

vras

fumar

tymos

enviar

dërgoj

la abuela
gjyshe

el abuelo
gjysh

el padre
baba

la madre
nënë

el bebé
bebe

la hija
vajzë

el hijo
djalë

el invitado

mysafir

la tía

teze, hallë

el tío

dajë, xhaxha

el hermano

vëlla

la hermana

motër

el cuerpo

trupi

la frente
balli
el ojo
syri
el hombro
shpatulla
el dedo
gishti
la cara
fytyra
la pera
mjekra
la mano
dora
la pierna
këmba
el pecho
krahërori
el brazo
krahu

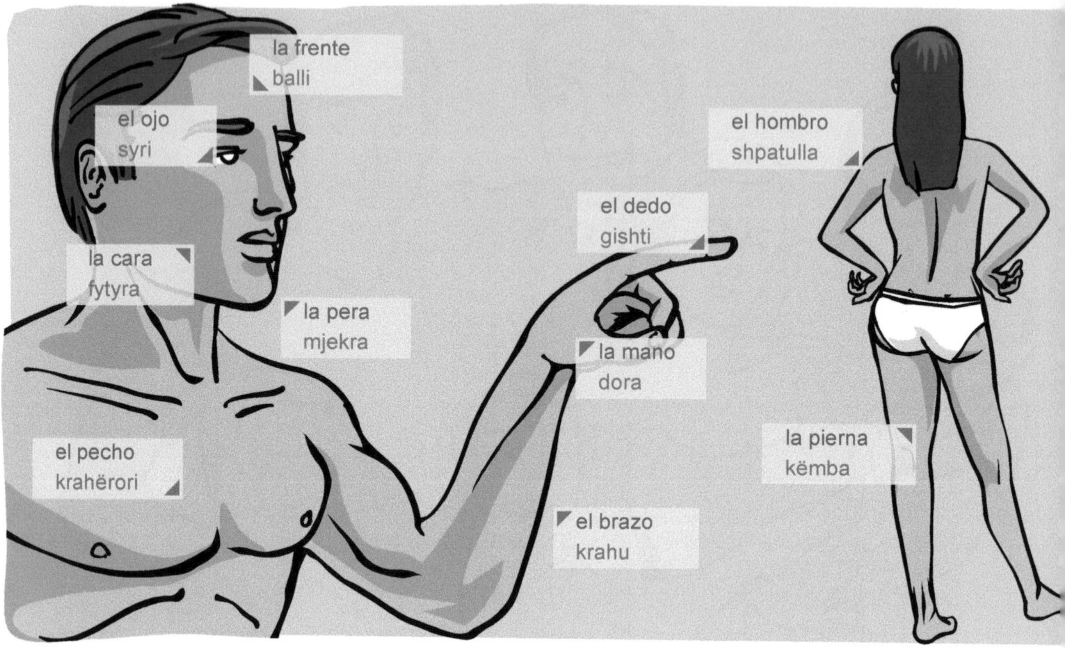

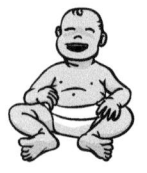

el bebé

bebe

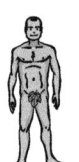

el hombre

burrë

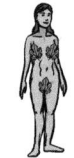

la mujer

grua

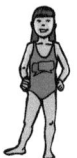

la nena

vajzë

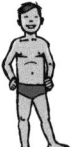

el nene

djalë

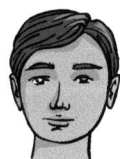

la cabeza

koka

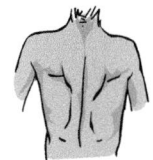

la espalda
shpina

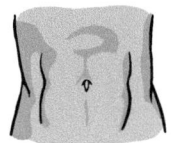

la panza
barku

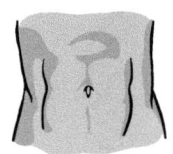

el ombligo
kërthiza

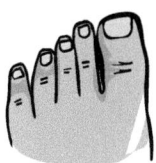

el dedo del pie
gisht këmbe

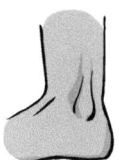

el talón
Thembra

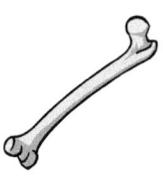

el hueso
kockë

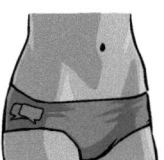

la cadera
legeni

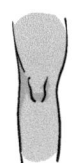

la rodilla
gjuri

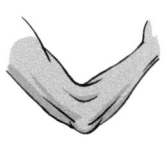

el codo
bërryli

la nariz
hunda

la cola
vithe

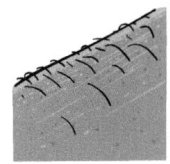

la piel
lëkura

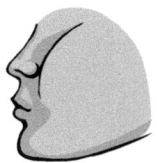

el cachete
faqja

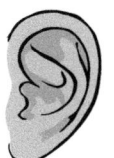

la oreja
veshi

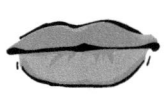

el labio
buza

el cuerpo - trupi

la boca

goja

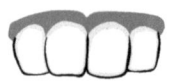

el diente

dhëmbët

la lengua

gjuha

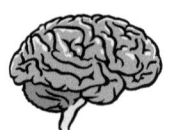

el cerebro

truri

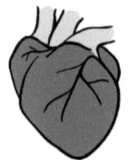

el corazón

zemra

el músculo

muskul

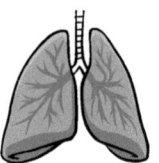

el pulmón

mushkëria

el hígado

mëlçia

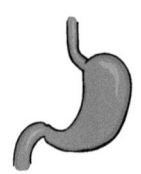

el estómago

stomaku

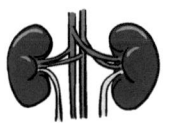

los riñones

veshka

el sexo

seks

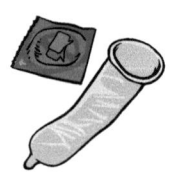

el preservativo

prezervativ

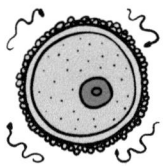

el óvulo

veza

el semen

sperma

el embarazo

shtatëzani

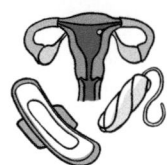

la menstruación
menstruacione

la vagina
vagina

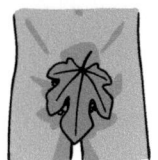

el pene
penis

la ceja
vetulla

el pelo
flokët

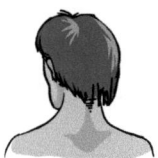

el cuello
qafa

el hospital
spital

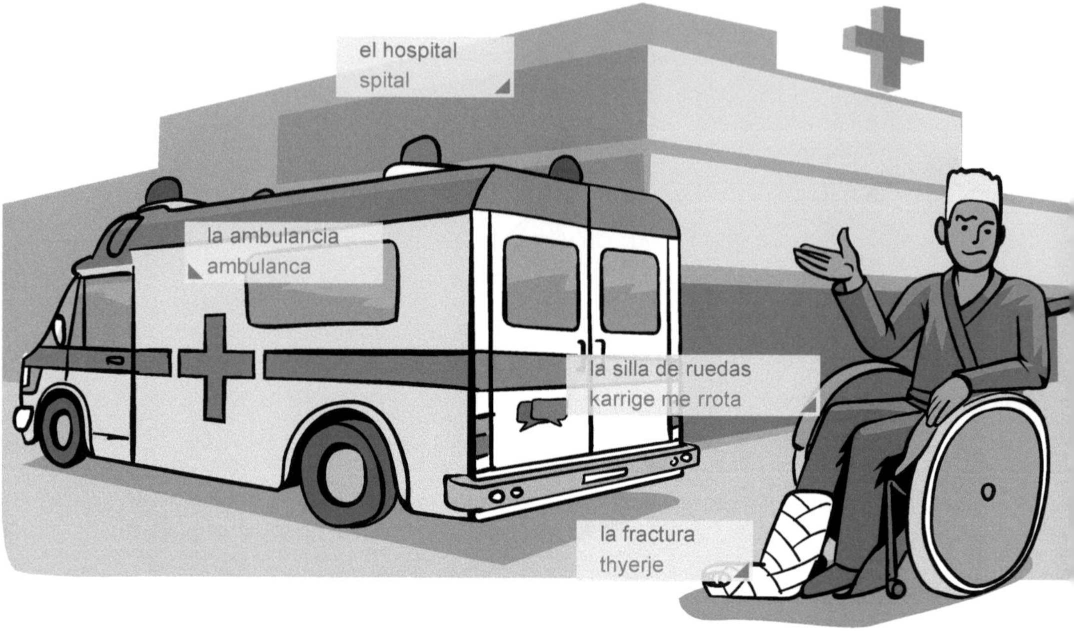

el hospital
spital
la ambulancia
ambulanca
la silla de ruedas
karrige me rrota
la fractura
thyerje

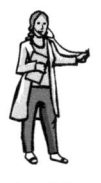

el médico

mjek

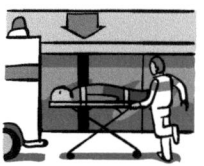

la sala de guardia

sallë urgjencash

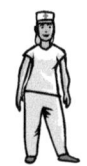

la enfermera

infermiere

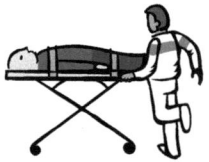

la emergencia

emergjencë

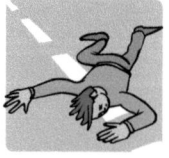

inconsciente

i pandërgjegjshëm

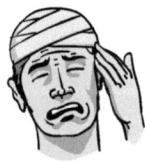

el dolor

dhimbje

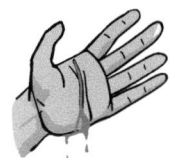

la lesión

dëmtim

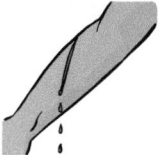

la hemorragia

gjakosje

el infarto

infarkt

el ACV

goditje

la alergia

alergji

la tos

kolla

la fiebre

ethe

la gripe

grip

la diarrea

diarre

el dolor de cabeza

dhimbje koke

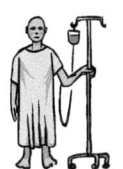

el cáncer

kancer

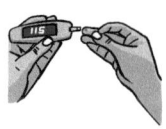

la diabetes

diabet

el cirujano

kirurg

el bisturí

bisturi

la operación

operacion

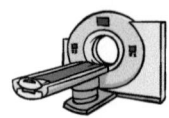

la TC

CT (skaner)

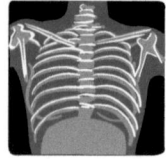

los rayos x

radiografi

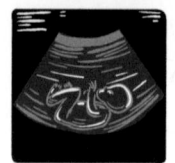

la ecografía

ultratingull

el barbijo

maskë fytyre

la enfermedad

sëmundje

la sala de espera

dhomë pritjeje

la muleta

paterica

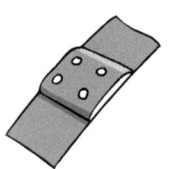

la curita

leukoplast

la venda

fasho

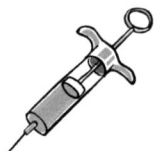

la inyección

injeksion

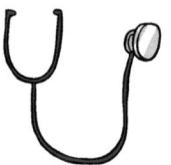

el estetoscopio

stetoskop

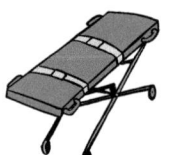

la camilla

barelë

el termómetro

termometër

el nacimiento

lindje

el sobrepeso

mbipeshë

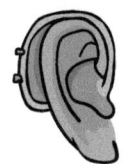

el audífono

aparat dëgjimi

el desinfectante

dezinfektant

la infección

infeksion

el virus

virus

el VIH / SIDA

HIV / AIDS

el remedio

mjekësi, mjekim

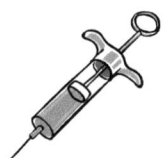

la vacunación

vaksinim

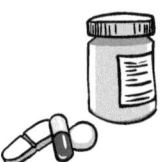

los comprimidos

tableta

la pastilla anticonceptiva

pilulë

la llamada de emergencia

telefonatë emergjence

el tensiómetro

aparat tensionl

enfermo / sano

i sëmurë / i shëndctshöm

¡Ayuda!

Ndihmë!

la alarma

alarm

la agresión

sulm

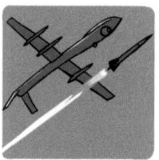

el ataque

atak

el peligro

rrezik

la salida de emergencia

dalje emergjence

¡Fuego!

Zjarr!

el matafuego

fikëse zjarri

el accidente

aksident

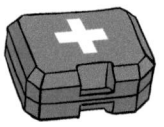

el botiquín de primeros auxilios

kuti e ndimës së shpejtë

el SOS

SOS

la policía

policia

Europa

Europa

América del Norte

Amerika e Veriut

América del Sur

Amerika e Jugut

África

Afrika

Asia

Azia

Australia

Australia

el Atlántico

Atlantiku

el Pacífico

Paqësori

el Océano Índico

Oqeani Indian

el Océano Antártico

Oqeani Antarktik

el Océano Ártico

Oqeani Arktik

el polo norte

Poli i veriut

el polo sur

Poli i Jugut

la Antártida

Antarktida

la Tierra

toka

la tierra

tokë

el mar

det

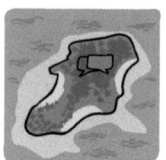

la isla

ishull

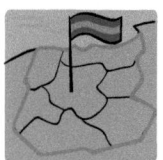

la nación

komb

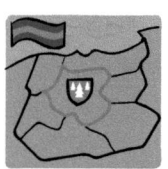

el estado

shtet

la esfera

fusha e orës

la manecilla de las horas

akrepi i orës

el minutero

akrepi i minutave

el segundero

akrepi i sekondave

¿Qué hora es?

Sa është ora?

el día

ditë

la hora

kohë

ahora

tani

el reloj digital

orë dixhitale

el minuto

minutë

la hora

orë

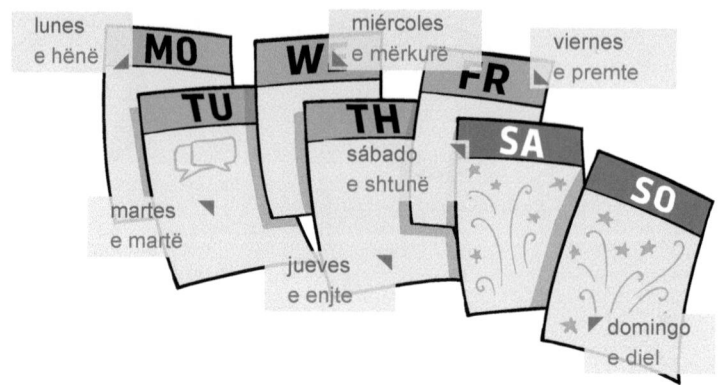

lunes
e hënë

miércoles
e mërkurë

viernes
e premte

martes
e martë

sábado
e shtunë

jueves
e enjte

domingo
e diel

ayer

dje

hoy

sot

mañana

nesër

la mañana

mëngjes

el mediodía

mesditë

la tarde

mbrëmje

MO	TU	WE	TH	FR	SA	SU
1	2	3	4	5	6	7
8	9	10	11	12	13	14
15	16	17	18	19	20	21
22	23	24	25	26	27	28
29	30	31	1	2	3	4

los días hábiles

ditë pune

MO	TU	WE	TH	FR	SA	SU
1	2	3	4	5	6	7
8	9	10	11	12	13	14
15	16	17	18	19	20	21
22	23	24	25	26	27	28
29	30	31	1	2	3	4

el fin de semana

fundjavë

el año
vit

la lluvia
shi
el arco iris
ylber
la nieve
borë
el viento
erë
la primavera
pranverë
el otoño
vjeshtë
el verano
verë
el invierno
dimër

4.APRIL 11°
5.APRIL 4°
6.APRIL 13°
7.APRIL 8°
8.APRIL 10°

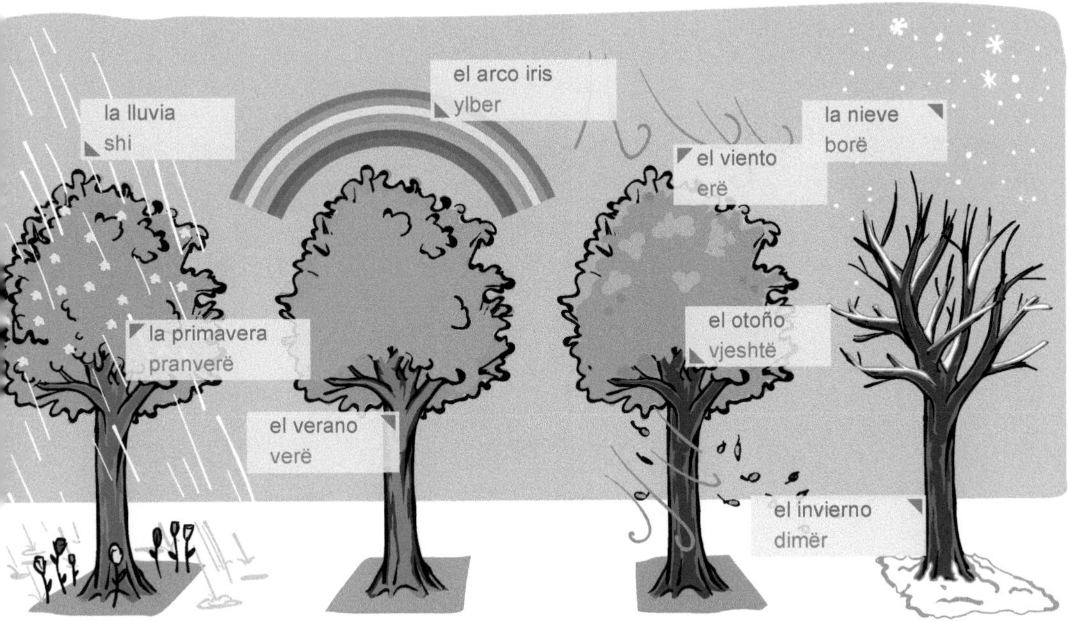

el pronóstico meteorológico

parashikimi i motit

F C
120 90 60 30 0 -30
40 30 20 10 0 -10 -20

el termómetro

termometër

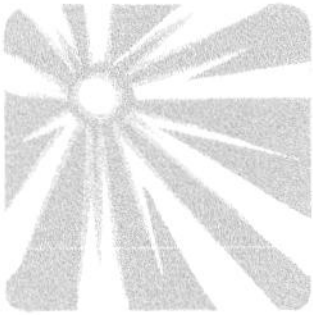

la luz del sol

ndriçim dielli

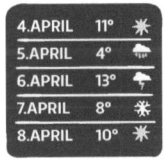

la nube

re

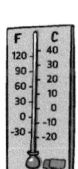

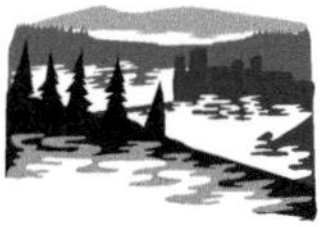

la niebla

mjegull

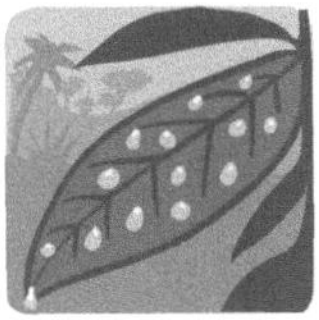

la humedad

lagështi

el rayo

vetëtima

el trueno

gjëmim

la tormenta

stuhi

el granizo

breshër

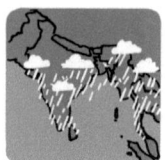

el monzón

muson

la inundación

përmbytje

el hielo

akull

enero

janar

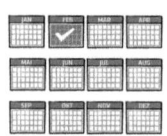

febrero

shkurt

marzo

mars

abril

prill

mayo

maj

junio

qershor

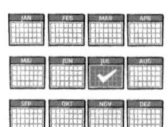

julio

korrik

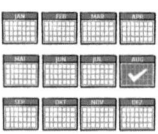

agosto

gusht

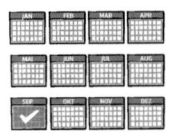

septiembre

shtator

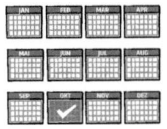

octubre

tetor

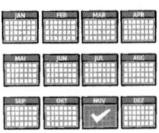

noviembre

nëntor

diciembre

dhjetor

el círculo

rreth

el cuadrado

katror

el rectángulo

drejtkëndësh

el triángulo

trekëndësh

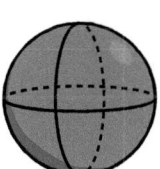

la esfera

sferë

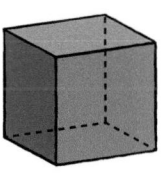

el cubo

kub

blanco

e bardhë

amarillo

e verdhë

naranja

portokalli

rosa

rozë

rojo

e kuqe

violeta

vjollcë

azul

blu

verde

e gjelbër

marrón

kafe

gris

gri

negro

e zezë

mucho / poco

shumë / pak

enojado / tranquilo

i nevrikosur / i qetë

lindo / feo

i bukur / i shëmtuar

el principio / el fin

fillim / fund

grande / chico

i madh / i vogël

claro / oscuro

i ndritshëm / i errët

el hermano / la hermana

vëlla / motër

limpio / sucio

e pastër / e pistë

completo / incompleto

e plotë / jo e plotë

el día / la noche

ditë / natë

muerto / vivo

gjallë / vdekur

ancho / angosto

i gjerë / i ngushtë

comestible / no comestible

i ngrënshëm / i pangrënshëm

malo / amable

i keq / i këndshëm

entusiasmado / aburrido

i lumtur / i mërzitur

gordo / flaco

i shëndoshë / i dobët

primero / último

e para / e fundit

el amigo / el enemigo

mik / armik

lleno / vacío

plot / bosh

duro / blando

e fortë / e butë

pesado / liviano

e rëndë / e lehtë

el hambre / la sed

uri / etje

enfermo / sano

i sëmurë / i shëndetshëm

ilegal / legal

e paligjshme / e ligjshme

inteligente / estúpido

i zgjuar / budalla

izquierda / derecha

majtas / djathtas

cerca / lejos

afër / larg

nuevo / usado

e re / e përdorur

nada / algo

asgjë / diçka

viejo / joven

i moshuar / i ri

encendido / apagado

ndezur / fikur

abierto / cerrado

hapur / mbyllur

silencioso / ruidoso

i qetë / i zhurmshëm

rico / pobre

i pasur / i varfër

correcto / incorrecto

e drejtë / e gabuar

áspero / suave

i ashpër / i butë

triste / contento

i mërzitur / i lumtur

corto / largo

i shkurtër / i gjatë

lento / rápido

ngadalë / shpejt

mojado / seco

i lagësht / i thatë

caliente / frío

ngrohtë / freskët

guerra / paz

luftë / paqe

0

cero

zero

1

uno

një

2

dos

dy

3

tres

tre

4

cuatro

katër

5

cinco

pesë

6

seis

gjashtë

7

siete

shtatë

8

ocho

tetë

9

nueve

nentë

10

diez

dhjetë

11

once

njëmbëdhjetë

12

doce

dymbëdhjetë

13

trece

trembëdhjetë

14

catorce

katërmbëdhjetë

15

quince

pesëmbëdhjetë

16

dieciséis

gjashtëmbëdhjetë

17

diecisiete

shtatëmbëdhjetë

18

dieciocho

tetëmbëdhjetë

19

diecinueve

nentëmbëdhjetë

20

veinte

njëzetë

100

cien

qind

1.000

mil

mijë

1.000.000

el millón

milion

el inglés

anglisht

el inglés americano

anglishte amerikane

el chino mandarín

kinezisht mandarin

el hindi

hindi

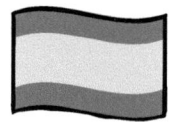

el español

spanjisht

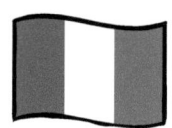

el francés

frëngjisht

el árabe

arabisht

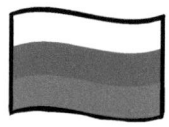

el ruso

rusisht

el portugués

portugalisht

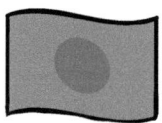

el bengalí

bengalisht

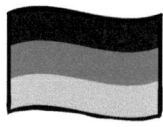

el alemán

gjermanisht

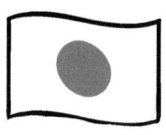

el japonés

japonisht

yo

unë

vos

ti

él / ella

ai / ajo

nosotros

ne

ustedes

ju

ellos

ata

¿quién?

kush?

¿qué?

çfarë?

¿cómo?

si?

¿dónde?

ku?

¿cuándo?

kur?

el nombre

emër

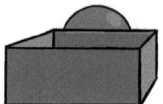

detrás

pas

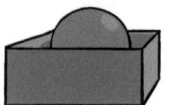

en

në

adelante de

përballë

por encima de

sipër

sobre

mbi

debajo de

poshtë

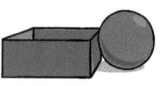

al lado de

pranë

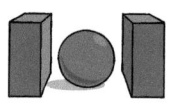

entre

midis

el lugar

vend